Mi introducción a
CTIAM

CONSTRUYAMOS UN MODELO

Annette Gulati
y Pablo de la Vega

Rourke™

de la ESCUELA a la CASA
ANTES Y DURANTE LAS ACTIVIDADES DE LECTURA

Antes de la lectura: *Desarrollo del conocimiento del contexto y el vocabulario*

Construir el conocimiento del contexto puede ayudar a los niños a procesar la información nueva y a usar la que ya conocen. Antes de leer un libro, es importante utilizar lo que ya saben los niños acerca del tema. Esto los ayudará a desarrollar su vocabulario e incrementar su comprensión de la lectura.

Preguntas y actividades para desarrollar el conocimiento del contexto:

1. Ve la portada del libro y lee el título. ¿De qué crees que trata este libro?

2. ¿Qué sabes de este tema?

3. Hojea el libro y echa un vistazo a las páginas. Ve el índice, las fotografías, los pies de foto y las palabras en negritas. ¿Estas características del texto te dan información o ayudan a hacer predicciones acerca de lo que leerás en este libro?

Vocabulario: *El vocabulario es la clave para la comprensión de la lectura*

Use las siguientes instrucciones para iniciar una conversación acerca de cada palabra.

- Lee las palabras del vocabulario.
- ¿Qué te viene a la mente cuando ves cada palabra?
- ¿Qué crees que significa cada palabra?

Palabras del vocabulario:
- datos
- diagrama
- escultura
- estaciones
- ingenieros
- procesos

Durante la lectura: *Leer para entender y conocer los significados*

Para lograr una comprensión profunda de un libro, se anima a los niños a que usen estrategias de lectura detallada. Durante la lectura es importante hacer que los niños se detengan y establezcan conexiones. Esas conexiones darán como resultado un análisis y entendimiento más profundos de un libro.

Lectura detallada de un texto

Durante la lectura, pida a los niños que se detengan y hablen acerca de lo siguiente:

- Partes que sean confusas.
- Palabras que no conozcan.
- Conexiones texto a texto, texto a ti mismo, texto al mundo.
- La idea principal de cada capítulo o encabezado.

Anime a los niños a usar las pistas del contexto para determinar el significado de las palabras que no conozcan. Estas estrategias los ayudarán a aprender a analizar el texto más minuciosamente mientras leen.

Cuando termine de leer este libro, vaya a la última página para ver una **Actividad para después de la lectura.**

Índice

¿Qué es un modelo?

Un modelo puede ser un dibujo o un **diagrama**. También puede ser un modelo en tercera dimensión. Un modelo en tercera dimensión tiene longitud, amplitud y altura.

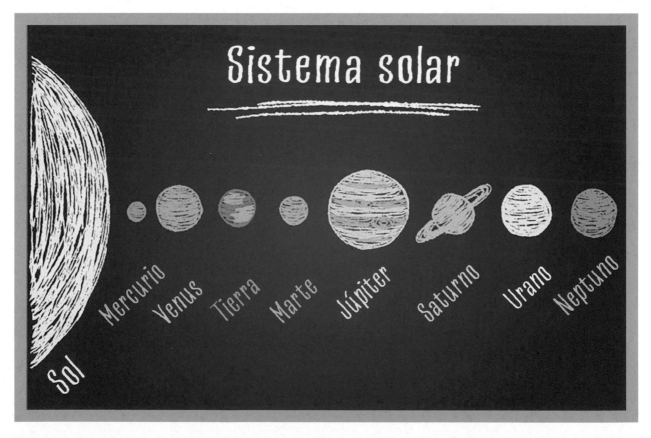

Los modelos representan
ideas y **procesos.**

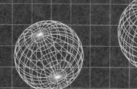

Nos ayudan a entender cómo funcionan las cosas.

¿Quién y por qué?

Los científicos usan modelos para resolver problemas y explicar **datos**. Las ecuaciones matemáticas son un tipo de modelo.

Los modelos ayudan a los **ingenieros** a aprender cómo funcionan las cosas. Los ingenieros a veces diseñan modelos en computadoras.

12

Los artistas también usan modelos.
Pueden dibujar sus ideas antes de
hacer una **escultura**.

¿Cómo funcionan los modelos?

La Tierra tiene cuatro **estaciones**. Los científicos pueden crear un modelo para explicarlo.

invierno

primavera

verano

otoño

15

La Tierra está inclinada sobre su eje.

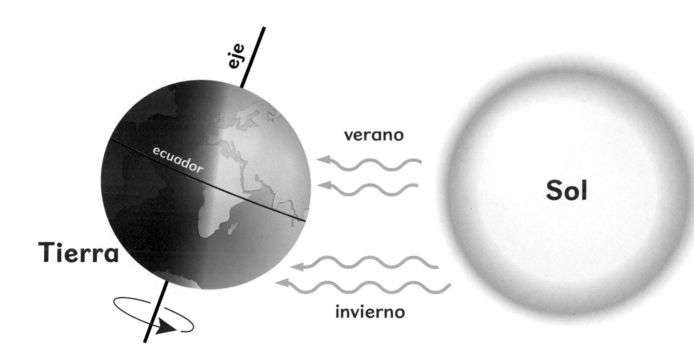

eje

verano

ecuador

Sol

Tierra

invierno

Se mantiene inclinada mientras da la vuelta al Sol.

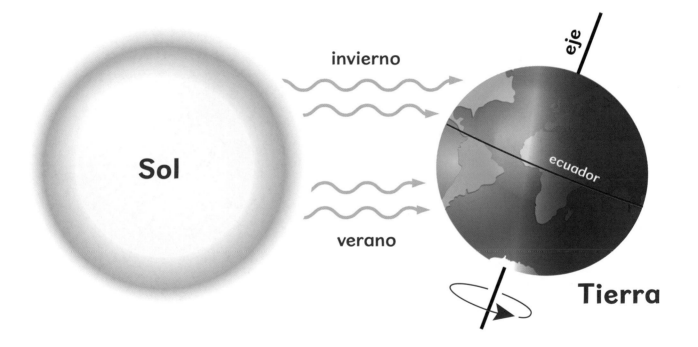

Este modelo muestra que las partes de la Tierra que reciben luz del Sol directa cambian conforme el planeta da la vuelta al Sol.

Sol

Este modelo ayuda a los científicos a entender las cuatro estaciones.

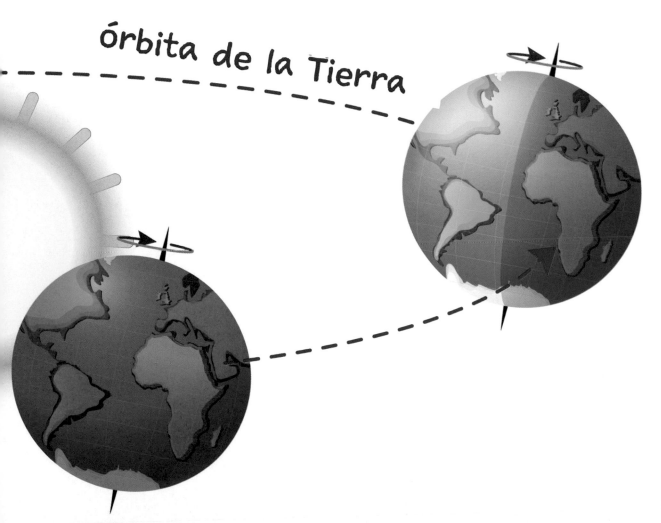

órbita de la Tierra

Haz un modelo del Sistema Solar

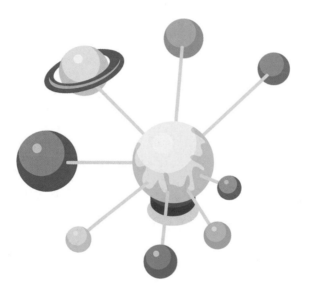

Nuestro Sistema Solar tiene ocho planetas. ¿Cuál es el más pequeño? ¿Cuál es el más grande? Coloca los planetas en su lugar alrededor del Sol.

Necesitarás:

- ✓ pelota de playa
- ✓ pelota de básquetbol
- ✓ pelota de fútbol
- ✓ pelota de voleibol
- ✓ pelota de tenis
- ✓ pelota de béisbol
- ✓ pelota de golf
- ✓ pelota de ping pong
- ✓ canica
- ✓ tiza

Instrucciones:

1. Afuera de casa, coloca la pelota más grande sobre el suelo. Esta pelota representa el Sol.

2. Usa la tiza pata dibujar los ocho anillos del Sistema Solar alrededor del Sol.

3. Coloca una pelota en cada anillo para representar cada planeta.

Glosario fotográfico

datos: Hechos e información recolectados para hacer un estudio.

diagrama: Un dibujo que explica las partes de algo usando flechas, colores o formas.

escultura: Una piedra, madera, mármol, arcilla, metal o cualquier otro material al que se le ha dado una forma.

 **estaciones:** Las cuatro partes naturales en las que se divide el año.

 **ingenieros:** Personas que diseñan y construyen máquinas y estructuras.

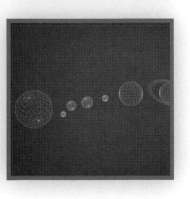 **procesos:** Acciones o pasos que producen un resultado.

Índice alfabético

Actividad para después de la lectura

Imagina que eres un ingeniero. Escoge un problema que te gustaría resolver. Haz un dibujo de una máquina que podría resolver el problema.

Acerca de la autora

Cuando no está escribiendo, Annette Gulati llena cuadernos con dibujos y diagramas de sus proyectos caseros. Vive en Seattle, Washington, con su familia.

www.rourkebooks.com

PHOTO CREDITS: Cover and Title Page © Sasiistock; Pg 10, 22 © vm; Pg 12, 23 © mediaphotos; Pg 15, 23 © incomible; Pg 16, 17, 19 © ttsz; Pg 4, 27 © Martina V; Pg 6, 23 © Jelena83; Pg 8, 22 © Martin Barraud; Pg 3 © AnastasiaRasstrigina; Pg 20 © AlfazetChronicles

Editado por: Laura Malay
Diseño de la tapa: Rhea Magaro-Wallace
Diseño de los interiores: Kathy Walsh
Traducción: Pablo de la Vega

Library of Congress PCN Data

Construyamos un modelo / Annette Gulati
(Mi introducción a CTIAM)
ISBN 978-1-73165-469-4 (hard cover)(alk. paper)
ISBN 978-1-73165-520-2 (soft cover)
ISBN 978-1-73165-553-0 (e-book)
ISBN 978-1-73165-586-8 (e-pub)

Library of Congress Control Number: 2022939568

Rourke Educational Media
Printed in the United States of America
01-0372311937